A dor se lê essência

João Pedro Roriz

A dor se lê essência

Rio de Janeiro
2013

© 2013 *by* João Pedro Roriz

Gerente Editorial: Alan Kardec Pereira
Editor: Waldir Pedro
Revisão Gramatical: Lucíola Medeiros Brasil
Capa e Projeto Gráfico: 2ébom Design
Ilustração da Capa: Perola Navarro
Diagramação: Julie Fonteles

Dados Internacionais de Catalogação na Publicação (CIP)

R693d
  Roriz, João Pedro
  A dor se lê essência: poemas teen/ João Pedro Roriz. - Rio de Janeiro: Wak Editora, 2013.
  120p.:21cm

  ISBN 978-85-7854-268-9 - capa azul
  ISBN 978-85-7854-269-6 - capa verde

  1. Poesia infanto-juvenil brasileira. I. Título.

13-03354   CDD 028.5   CDU: 087.5

2013

**Direitos desta edição reservados à Wak Editora
Proibida a reprodução total e parcial.
Os infratores serão processados na forma da lei.**

WAK EDITORA

Av. N. Sra. de Copacabana 945 – sala 107 – Copacabana
Rio de Janeiro – CEP 22060-001 – RJ
Tels.: (21) 3208-6095 e 3208-6113 / Fax (21) 3208-3918
wakeditora@uol.com.br
www.wakeditora.com.br

Sumário

Fortuna crítica	7
Apaixonadinho na janela	11
Apaixonadinha na janela	12
A dor se lê essência nos meninos	13
A dor se lê essência nas meninas	15
Espelho da paixão (Voz feminina)	17
Pedido ao vento	19
Aquela menina	20
Eu ouvi um adolescente bêbado me dizer	22
Ironia	23
A filha que eu quero ter	25
De grão em grão...	27
Acalanto	29
Papai papão	31
Sorriso	32
Reflexão sobre a beleza	33
Você	34
Cheiro de flor	35
Outono	36
Frio no coração	38
O último poema para ela	40
Bandeirante	41
Poema da noite fria	42
Os verdadeiros e os falsos	43
Rock n' roll	45
Aos que se vão	47
UPP – unidade poética pacificadora	48
Pés sem calço	50

Carta de um jovem artista aos seus pais	54
Meu pequeno quarto	56
Solar vazio	57
Caetano em linguagem	58
A gota de tinta	60
Meu piano	62
Epitáfio	64
Crepúsculo	65
Aurora íntima	67
Juventude	69
Flores da juventude	71
Poeta	73
Resoluto futuro	74
Espelho	75
Masmorra II	77
Ode à palavra chilena	78
Papel	79
Homem-Deus	80
Pássaro triste	82
Solidão da madrugada	84
Sutil mudança	86
Fases da lua	87
O drama do amor perfeito	88
Não quero ir pra escola	89
O *nerd*	91
Já quero ir pra escola	93
Cadê meu irmão	95
Teatro poema	99
Não me livro	105
Gosto de ti	106
FACEBOOKIANDO...	107

Fortuna crítica

"João Pedro Roriz é um verdadeiro achado, que deve ser lido, conhecido e aproveitado!"

    Ana Rosa, atriz

"Fico extasiado diante da verve e da capacidade de síntese de João Pedro Roriz. Deslumbra-me o brilho deste jovem."

    Bemvindo Sequeira, ator

"Roriz não está só: junta-se aos grandes poetas como Castro Alves, Mario Faustino e Ferreira Gullar. Enraizada em nosso cotidiano, sua temática é universal."

    Edir Meirelles, escritor e
    imortal da Academia Carioca de Letras

"Acredito que João Pedro Roriz vá refazer o caminho dos grandes poetas."

    Cairo Trindade, poeta

"Poeta de lira e de palavra falada, João Pedro Roriz transita do verso clássico ao poema sem taxonomias para render tributo à livre estética da imaginação."

    Anabelle Loivos,
    professora e doutora em Teoria da Literatura.

"João Pedro é um poeta de estilo límpido, simplicidade na fluidez dos versos, profundo em sua filosofia. Ele não busca a ruptura, mas a continuidade dos poetas imortais. É essencial para quem queira conhecer as novas vertentes da poesia brasileira."

    Mano Melo, escritor e ator

"João Pedro Roriz é um dos jovens mais arejados que eu conheço. Eu poderia chamá-lo de gênio precoce, de artista impecável etc. Mas prefiro dizer que ele tem projetos sérios e que sua inquietação faz movimentar esse mundo estático em que vivemos. Roriz vive e transpira por meio da arte que ele cria no dia a dia."

    Jiddu Saldanha,
    ator, escritor e artista plástico

"João Pedro Roriz no seu fazer diário, com belos exemplos, nos inspira. Por ele, a chama da poesia estará sempre acesa."

    Marco Lírio, cantor e compositor

"Através de olhos assim, perscrutadores e sensíveis, Deus sorri para o mundo e avisa que não desistirá do Ser Humano."

    Laura Santana,
    professora e doutora em Teoria da Literatura

"Quem o conhece sabe: João tem olhos famintos. Em sua fome, busca a verdade pela diversidade."

    Marcelo Perrone, artista plástico e escritor

"João Pedro Roriz é um poeta multifacetado e de alta comunicabilidade."

    Roberto Athayde, escritor e dramaturgo

"Poeta experiente, escritor talentoso, observador, seletivo, silencioso. Mas, o seu silêncio fala, quase grita. Isto me comove. Parabéns por seu dom e pela vivência riquíssima que demonstram seus escritos."

Carmem Regina Dias, escritora

Apaixonadinho na janela*

Lá vem ela...
Quinze anos bem vividos,
grãos de areia no vestido,
joelhos pra fora da saia,
roupa de beira de praia.

Minha janela ainda insiste
em dar tréguas pro futuro.
Ainda choro no escuro,
nas palavras me embaralho.
Mas aceite o meu palpite
e espere esse pirralho!

Sou pequeno, mas não falho,
pois o tempo é meu amigo!
Um dia não me esticarei
para falar-lhe ao pé do ouvido.

---

* Integrante do livro "Céu de um verão proibido"

Apaixonadinha na janela*

Lá vem ele...
Quinze anos bem vividos,
céus de um verão proibido,
corpo de luz tatuado,
olhos azuis delicados.

A janela me permite
brincar com o futuro.
Ainda choro no escuro,
minha voz se atrapalha.
Mas aceite o meu palpite
e espere essa pirralha!

A previsão tarda, mas não falha,
pois o tempo é meu amigo.
Em breve, você me dirá:
"Quer namorar comigo?"

---

* Integrante do livro "Céu de um verão proibido"

A dor se lê essência nos meninos

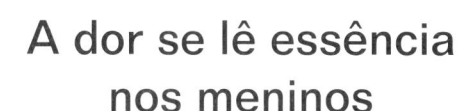

Depois do banho, a pele molhada
raspa na toalha e não seca.
É preciso esfregar! Desde ontem, é assim.
Não sei... preciso me olhar no espelho,
olhar para dentro de mim,
passar o rosto nos olhos e me vestir.

Estou tão atrasado pra sair.
Meus pais não querem que eu vá.
Mas olhe! Já tenho pelos!
Pelos na perna, debaixo dos braços,
no ralo do box, no queixo. Cresci!

O banho de mãos e esponjas saboreando o pecado, o tronco, o músculo, o enrijecimento do tempo, do ócio, do livre tocar de sentimentos, de olhos e bocas se contorcendo, de faróis alucinantes, de beijos no escuro, de um ópio autoestimulante.

Li Nazarian. Mastiguei humanos e ri.
Cresci e chorei.
Venci a guerra ao sair, o cabo de guerra, eu venci!
Sou rei, nasci em berço de ouro, saí do castelo
e sou sombra.
Venci!

Agora, é pé na lama!
A cidade plana se revolta com a chegada da primavera.
Chega de histórias, pijamas, janelas uivantes...
Lá fora, reinam a floresta, o urro e o cânhamo de orquestra, que varrem a alma, explodem eclodem, dentro da esfera, dentro da bola, do barro, do jorro, do vômito, de mim!

A dor se lê essência nas meninas

Quem pode ser mulher? Quem pode ser? Quem quer?

Das nuvens, oriento os navios,
valsando as ondas da terrível vontade
de ser novidade, de ser passarela para a eternidade.

Mulher: dona da seiva, do escuro-brilho de quem já é!
Quem pode ser mulher? Quem pode ser alguém?
Eu já tenho quinze! Eu já tenho doze!
Pois, eu digo: – onze eu poderia ter que já daria pé.
Com meus cabelos, minhas luzes, maquiagens, corpo de academia, celulares, olhos de menina e sonhos de modelo...

Andando sob passarelas de brinquedo,
louca por grandes marcas (que todo mundo tem),
quem pode ser mulher? Quem pode ser alguém?

De sobressalto – os saltos no horizonte, na sede que me domina, rasgo a roupa e a passarada me alcança.
Me diz: – Criança, já é hora de desabrochar, de romper o lacre da segurança e dançar a dança de quem quer se entregar assim, de rompante, seguir adiante; deixar de ser infante para sentir as vertigens de uma mulher!
Quem quer? Quem quer?

Levanto o dedo e, na fonte da maturidade, me despeço:
– adeus mocidade.
E tropeço na vingança do destino.
Agora, perdi o juízo e, desfalecida, viajo na eternidade, sem alarde, para contabilizar os meus prejuízos.

Agora é viver o senão, atravessar a rua sem dar a mão, dormir à noite sem dizer não, fazer minha oração...
E tentar ter certeza de que a bailarina no retrato é, de fato, a eterna menina que habita o meu coração.

Quem pode ser mulher?
Quem pode ser?
Quem quer?

Espelho da paixão

(Voz feminina)

Se você é bonito,
insisto até o primeiro raiar do sol.
Se você é alegre,
rock n' roll com certa dose de beleza,
o coloco na mesa e o sirvo para os amigos.

Se você é companheiro,
daqueles que ficam comigo o dia inteiro
e não vão embora,
o quero com urgência até sentir falta de mim.

Agora, se você é assim
e tudo isso é por fim um grande jeito seu de ser
- algo que, desatento, deixou de perceber,
- algo que cheira à negligência
por não notar que tenho beleza e inteligência
suficientemente boas para você...

Se você é esse cara...
que para e me pergunta as horas
– muito embora eu não tenha relógio –
sem sentido lógico para reconhecer
um amor de primeira mão...

Se você é essa pessoa, eu aguardarei
e fincarei meus pés no chão.
Continuarei meus trajetos de então,
para que um dia, nós dois emparelhados,
nesse espelho solidário,
possamos, como dois abobalhados,
darmos sentidos à paixão.

Pedido ao vento*

Vento, eu vou te dizer...
Eu tento, mas,
atento a nós,
ao intento;
causo atentados
e não mais me invento, vento, vento!

Queria dizer que entendo
todos os segundos lentos
que o tempo me traz.

Vento, me orienta,
ou aumenta mais
a velocidade
para que o tempo me deixe em paz.

---

* Integrante do livro "O Dia que a vaca tossiu"

Aquela menina

Essa noite, as estrelas entraram pela janela
e desfilaram para mim.
Trouxeram uma espécie rara de saudade
e, mais tarde, em forma de canção, se atiraram
na escuridão de um mar sem fim.

Lembrei-me daquela menina
que um dia almejou ganhar o céu
– qualquer céu que a fizesse sonhar.
Queria ouvir as vozes dos corais presbiterianos,
ou provar o gosto do anis,
ter uma casa com dois quartos, um pomar
e, é claro, um homem feliz.

A ventania nos dá preguiça durante o alvorecer,
mas ela quer ver o mar!
Quer desfalecer, derretida pelo sol
nas planícies dessa terra adorada por Deus.
Ela quer viajar no tempo,
rever o passado, conhecer o futuro,
dormir e revelar seus sonhos para alguém...

Ela quer ter filhos.
Seus nomes serão Ricardo e Joaquim.
Serão assim, serão assim...
Um rosto, alguns buracos, divertidos e engraçados
como abóboras de *halloween*.

Revistas, óculos escuros e muita saudade nos olhos,
lá vai ela, pela estrada... lá vai ela, alma perdida,
sem emprego, sem seguro, segurança de vida.

Há de encontrar um amor nas esquinas,
na fruta mordida, no suor do samba,
no desfile, no barracão,
no choro sentido de uma paixão.

Ela quer ser mil, mas poderia ser cem,
poderia ser dez, mas ela é assim, ela é assim...única!

Eu conheço essa menina.
Com seus vinte e poucos anos, quer ser o amanhã.
Quer contar histórias da carochinha,
fazer caridade, ser bailarina,
ser buzina, a rainha da bateria;
quer ser como a cidade durante o carnaval:
eterna, submissa e rei; Eva, Serpente e Adão.
Quer ser a tal, quer ser outra vez,
quer ser sim, quer ser não,
quer ser talvez...

Eu ouvi um adolescente bêbado me dizer

Se és adulto, isso basta.
Mas tal resposta afasta
a verdade sobre o fim.

Eu bebi álcool para matar germes
e a inocência que existe em mim.

Se há cálice, para que falar?
Se há tulipa, para que pensar em flores?

Sei que não tive muitos amores
e nenhum jogo de azar.

Mas, quero afogar as poucas dores
e tentar um pouco mais.
– Desafiar a morte e a vida severina
à revelia de meus pais.

(eu chorei e percebi que o espelho havia se quebrado)

Ironia

Hoje, eu quero comer amendoim sem camisa no sofá.
    – Ficar de perna aberta
    sem hora certa para trabalhar.

Hoje, eu quero marcar e não ir.
Escrever uns versos bem ruins.
    – Beber a bola e jogar cachaça.
    Sonhar à beça e não dormir.

Hoje, não tem nada que me impeça de fumar um baseado.
    – Fazer da segunda um sábado
    e estuporar os meus rins.

Hoje, eu vou tirar sarro como quem tira retrato de quem não tá afim.

> – acender mais um cigarro
> depois de trair o Português.

Quem sabe assim
eu não possa ser vocês.
Por um único dia.
Uma única vez.

A filha que eu quero ter

Em qual mundo encontrarei
a filha que eu quero ter?

No canto de Anita,
no colo de Sandra,
nos beijos de Sílvia
ou nos braços de Juliana?

Em que furacão, ou terremoto,
seus dedos abraçarão a minha história?

No colo de Cíntia,
nos beijos de Diana,
nos braços de Lívia
ou no canto de Mariana?

Filha, me diga, pois homem não chora,
e meus olhos cativam mares ocultos,
histórias bonitas,
que eu quero contar.

Nos beijos de Júlia,
nos braços de Amanda,
no canto de Olívia
ou no colo de Ana.

De grão em grão...

A noz
quebrada
no cerne,
no ventre,
no meio
d'umbigo.
A voz
embargada
e o grão
germinado.
Um tempo
perdido e
crescido
no canto
da bola:
dois braços,
dedinhos,
abraço
e emoção!

Um grão
nascido
do meio,
do cerne
de um lindo
quinhão.
Chore menino!
Papai chora não.
Os rostos
gelados
no meio,
no cerne
do caos
serão
bons ou maus
olhos
perdidos
no meio,
no cerne
do medo,
do escuro,
do vão.
Olhos
e braços,
dedinhos,
eternos,
etéreos
em seu
coração.

Acalanto

Meu filho,
no calar da madrugada,
confundimos os sentidos.

Este que lhe fala
chorou suas noites amarguradas
por não ter tido a sorte
de empenhar a morte
nos braços do pai querido.

Se a sorte deixar seu peito
e, em um gracejo do destino, o medo
aprisioná-lo diante do portão do paraíso,
saiba que ajoelhado em prece,
ao lado de seu leito,
farei um pedido:
"Que entre um choro e outro,
você dê um sorriso
nos braços do pai querido".

Meu filho, durante a noite,
a alma brinca na imensidão do céu.
Roube uma estrela cadente,
ou experimente, no escuro,
contar planetas a granel.

Tal qual um anjo-caído,
seu sorriso estará seguro
nos braços do pai querido.

Papai papão

Sufocado pela madrugada, muitas vezes
pedi sua mão.

Enquanto os outros
rezavam o terço, eu no meu berço dormia pagão.

Sorriso

Sorrir com ardor
é dar à dor o doce de amar.
Nas entrelinhas da agrura,
nas trevas da dor escura,
sorrir faz brotar uma flor!

Na doença, a ferida é a prova,
a dor é seu carrasco e o sorriso, sua lição.

No lamento, o sofrimento...
Na sina, no desejo, o ensejo
desafina no sofisma do solfejo.

Mas há quem sinta sua mágoa
– triste encantar como o gemer do pinho –,
acariciar com dor o ouvido
para feliz, derramar
no rosto, em forma de água, um sorriso.

Reflexão sobre a beleza

Se alguém me diz:
  – És belo!
Entenderei isso como um libelo de intenção.

Mas se indagarem das marcas,
ou das farpas,
que carrego em meu coração,
mostrarei que do flagelo
– fardo de um pretérito ruim –
sobraram muito mais belezas
que as tristezas que moram em mim.

Você

Mais do que um anjo bom,
do lírio, o som.
Você, a luz,
é para o bardo a voz,
para os santos Jesus.
Para mim, é o tom
de borboletas azuis.

Cheiro de flor[*]

Você, com um simples abraço,
impregnou meu peito
com cheiro de flor.
Não sei o que faço
para dispersar o olor.
Como consegue esse feito?
É alguma alquimia?
Coisa de feiticeira?
Uma espécie de sina?
Um quebranto de mulher faceira,
ou encanto de menina?

---

[*] Integrante do livro "O Dia que a vaca tossiu"

Outono

Sonho todos os dias com aquele dia:
o sol, em seu raiar, seguia todo prosa,
galante sobre o nosso bosque,
singelo como uma rosa.

O orvalho pincela o campo
em manobras formosas.
Em meio ao vento...
Em meio aos pássaros vigilantes e atentos,
que, pelas veredas de seu tempo,
ao passarem, deixam saudade.

Saudade daquela tarde
típica de outono:
tapetes mostrando caminhos,
as lebres em suas tocas,
as aves em seus ninhos.

Em meio a tudo isso,
vi o que me deixou colorido assim:
o rosto, cuja maçã era mais que perfeita,
os olhos, cuja menina era a mais bela...

a graciosa, alada,
de penas aveludadas:
anjo[1] era o nome dela!

---

[1] Sugestão para os meninos: que tal inserir o nome da garota que você gosta nesse último verso e mostrar para ela? Só não entregue o mesmo poema para mais de uma menina. O resultado pode ser péssimo!

Frio no coração

Eu queria uma conversa quente
pra aquecer meu coração.
Que Jesus se materializasse
e me desse sua atenção.

... que o seu conselho decente
lavasse meu peito, me acordasse do pesadelo,
e sua voz no meu ouvido dissesse-me então:
– Olha pro lado, João!

E que eu abraçado, com ela aconchegado,
sorrisse aliviado e dissesse:
– não vai embora nunca não.

Mas agora tudo está perdido,
pois a mulher que me fascina
me entregou à solidão.

Encontro-me todos os dias
com pés de bailarinas,
com bocas de marias,
com *piercing* de meninas
pra conter a minha paixão.

Mas, definitivamente,
eu queria uma conversa quente
pra aquecer o meu coração.

O último poema para ela

Se ela soubesse
que todos os uivos não cabem na lua.
Se ela quisesse,
meu rosto deslizaria pelas curvas do meu sorriso.
Ainda luto.
Visto o preto, o corvo, digladio com a tristeza
e perco.
Se ela imaginasse
que espio suas verdades pelas frestas.
Se ela morresse,
eu começaria a enxergar o vento.

Bandeirante

Quero abraçar cada palmo da sua solidão. Arrepiar a pele e ler em braile as emoções do corpo nu. Acariciar com o temor peculiar de minhas palavras os seus anseios juvenis e desbravar, tal qual um bandeirante, as florestas virgens de seus brasis.

Poema da noite fria*

O meu sonho
limita-se à tua voz
quando tu me ninas
com a mão em meus cabelos,
meu corpo pousado no teu colo,
teus olhos fechados,
sob a luz mínima do mundo.

A voz não se cala;
a boca só cala n'outra,
de repente. A tua na minha!
O gosto da alma!
O suor, a lágrima furtiva!
O choque do amor...
e a noite fria,
quente, morna, fria.

---

* Integrante do livro "Céu de um verão proibido"

Os verdadeiros e os falsos

Quando os verdadeiros oferecem o braço,
os falsos lhe rogam um pedaço da lua
e cultuam a infâmia do desdém.

Deveriam então os falsos
sucumbirem aos percalços da inexistência
em prol de maior anuência pelo Bem?

Quem poderia supor
que, da natureza-morta, surgiria a vida
por meio dos quadros de um pintor?

Quem poderia supor
que, no bojo da luta fratricida,
surgiria a fonte de tecnologia e do amor?

São os falsos testemunhos
que fazem os verdadeiros
erguerem seus punhos com razão.

Então, tenha os falsos sempre em seu coração,
pois serão eles os primeiros e derradeiros
responsáveis pela íntima revolução.

Rock n' roll

Estou com um furo no peito!
Receoso de que, um dia,
a minha poesia, ferida na alma,
cobre caro ao meu coração
alguns sentimentos, palavras de alento,
um refrão...

Me diga você o que penso
do cerne, do senso de toda a multidão:
mil olhos passeiam na escuridão,
refeitos de um tempo de imensa opressão.

Combalido da luta, da guerrilha, do Araguaia
– Catete, o porrete, jogado ao chão –
o povo doente, demente, se entrega
aos laços estreitos
de um grito de gol.

E eu, em um afago, no meio da noite,
me afogo no vinho, no ócio, no vão?!

Indago-lhe sentido, perdido nas palavras,
sofrido no *front*:
meu tempo acabou?
A bossa que jorra do meu coração
será mera fossa
pro seu *rock n' roll*?

Aos que se vão

A flor que abandona o jardim
é centelha de saudade perdida,
é sombra de amparo entre os viscos,
é paz arrancada pela raiz.

Você, semente plantada,
sofrida, no âmago se espalha,
se enterra e constrói morada
nas voragens de sua matriz.

Seu leito, seu canto, sua terra,
é fonte de vida acesa;
é fim que se origina meio,
é ode que se faz país.

UPP –
unidade poética pacificadora

Se um dia a cidade for invadida por um canto permanente de paz, o carnaval de Noel, que não existe mais, pintará de azul o sangue de quem corre pelos muros da favela.

Mesmo aqueles que não morrem por ela, beijarão o Rio como o sol que beija o mar; cantarão a Guanabara, como quem canta um samba popular.

Deitado na areia, um Beira-Mar que beira o céu será dono do mundo: encantará sereias, abraçará a lua cheia e empinará pipa nas vielas do paraíso.

Enquanto isso, eu esquecerei a letra do samba-enredo e ficarei de improviso na avenida, como se o ritmo atravessado de minha vida fosse regularizado.

Soldados armados, que chegam tarde e saem cedo, darão lugar às crianças armadas com muitos folguedos: jogo de bola, pião, pula corcova e botão.

Quando esse dia chegar, vestirei a fantasia de então. A felicidade de Vinícius evadirá a quarta-feira, tomará a cidade por inteira e nos fará reféns da compaixão.

Pés sem calço

Eu vi um menino cair.
Sandália maior que seus pés,
eu vi!

Era a ralé enganada
de roupa rasgada,
eu vi!

Eu vi joelhos ralados,
o choro nefasto,
eu vi!

A sandália era dada.
Seu lar, a calçada.
Eu vi!

Eu vi olhos tristonhos,
infantes, medonhos,
eu vi!

Cair na estrada,
pés na sarjeta,
eu vi!

Ouvi gargalhadas.
Pobre menino,
eu vi!

Criança maltratada
do desatino da vida,
eu vi!

Eu vi xingamentos
retaliando sofrimento,
eu vi!

– Culpa da sandália,
maior que meus pés,
eu vi!

Eu vi Cinderela
da fada amada,
eu vi!

E a chinela rasgada?
Príncipe do tamborim?
Eu vi!

Eu vi sandalinhas de cristal
presas nas escadarias,
eu vi!

Nascer para o mal,
cair em demasia,
eu vi!

Eu vi o coração
em uma taquicardia,
eu vi!

Falta de pão,
fome, desgosto,
eu vi!

Eu vi o suor
e a maldade no rosto,
eu vi!

Brotar impiedoso
por causa da saudade,
eu vi!

Eu vi pais distantes.
Doloroso abandono,
eu vi!

E cidades, ruas,
becos e fumos,
eu vi!

Eu vi castelos e parques,
favelas e porcos,
eu vi!

E, no elo dos mundos,
o pobre garoto,
eu vi!

Eu vi o fenômeno!
A violência,
eu vi!

Sucatas são armas,
o professor é a demência!
Eu vi!

Eu vi a sarna da guerra,
o odor da morte,
eu vi!

Culpa da sandália.
Maior que os pés!
Eu vi!

Carta de um jovem artista aos seus pais

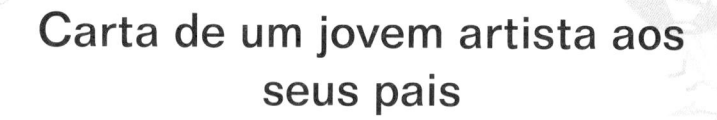

Deixem-me ser pequeno! Muitos me farão companhia e sobrará a alegria esbanjada pelo patamar dos poucos.

Deixem-me falar a língua dos loucos! Ademais, serão sóbrios aqueles cuja razão se eleva sobre a autoridade dos sonhos?

Deixem-me sorrir tristonho! Pois, rir do ardor é dar à dor o doce do amar. Nas entrelinhas da agrura, nas trevas da dor escura, sorrir faz brotar uma flor.

Deixem-me andar por onde for! Pois, no grilhão da tortura, sob o olhar férreo da ditadura de outrora, morreu o sol antes da aurora, e a paisagem não foi vista.

Deixem-me ser artista! Pois, são muitos na minha companhia; são muitos a favor do vento e contra a vilania; muitos a degustar o pão da poesia nos passos largos contra os cadafalsos da hipocrisia.

Deixem-me ser o livro. Pois, é com o crivo da autoria, que supero os meus receios, mesmo quando desmamado dos seus seios sob os clarões da juventude.

E se toda a minha atitude não resultar em um meio, serei fim na concretude nessa vida que ponteio.

Meu pequeno quarto

Quadrado, três por quatro.
Um quadro de qualquer coitado
pintado de quatro.
Quantitativo do cateto ao quadrado...
¼!

Solar vazio

Casa feita de vazios,
ausências físicas que espreitam paredes.
O assoalho gemeu,
um cano gritou,
caiu uma folha no telhado,
a gata, no cio, rosetou com o sofá...

Lá fora, a rua sussurra com medo do frio.
Caminhos dançam o tique-taque das horas
com os saltos na ponta dos pés.

Casa feita de arrepios...
Cômodos fechados, vozes suspensas no ar.
Meus olhos tardios, misturados com bocejos,
engolem auroras, folheiam Bocage
e, sonolentos,
discorrem sobre o finito, o inimigo das coisas.

A casa tem goteiras,
meu céu chora penitências
e adormece feliz,
antevendo o caos na civilização.

Caetano em linguagem

Na oração da Tropicália,
o verbo é caetanear.
E ele é primeira pessoa,
pessoa singular:
eu, Caetano.

Caetanas tu, verbo direto.
Quem caetana, caetana algo tal.
Tu caetanas em objeto,
adjetivo, em complemento nominal:
Veloso.

Apostas no aposto restritivo,
crase adjunta à sociedade.
Na certeza da interrogação causal,
és a frase da verdade:
És Caetano.

És sujeito conotativo,
predicado na tarefa da linguagem.
Ativo, consecutivo na palavra final,
és metáfora da criatividade:
És Veloso.

Sinônimo predicativo de um sujeito
baiano no substantivo substancial.
Gramática da música brasileira,
és Caetano Veloso
e ponto final!

A gota de tinta

Era uma gota de tinta:
nanquim negro sobre o tempo,
cobrindo o passado do nada,
colorindo o branco das palavras.

Era uma gota de tinta:
preta pintando o paraíso,
respingada como chuva no deserto,
reluzindo imagens mais lindas do que o céu.

Era apenas uma gota de tinta:
solta, perdida no meio do papel,
ilhada no centro do nada,
única estrela iluminada pela ribalta.

Era somente uma gota de tinta:
manchando a fina camada de brancura.
Infinita é a dimensão da vida,
branca e virgem, com seu ponto enegrecido.

Era uma gota de tinta:
enfeitando a planta morta sobre a mesa
(o papel encardido,
sujado com a beldade negra da caneta desleixada).

Mas era só uma gota de tinta:
abrasada, atravessada no meio do caminho,
criada inconsequentemente pelo poeta adormecido,
abandonada e intrigante sobre o gigante sulfite.

Uma gota de tinta:
redonda como o mundo
em um vácuo espaço sideral infante,
alegre, em um convite, chamada para rodar.

Ah, aquela gota de tinta,
negra, grafite, como um planeta,
como um templo.
Como seita para ser único ponto
no meio do nada, no meio do vazio.

Uma gota de tinta
que, jorrada no terreno baldio,
era o poema perfeito...
E era uma gota de tinta.

Meu piano*

Um dia, fechei os olhos no alvorecer de minhas ideias
e vi um piano encostado,
jogado a um canto, marginalizado
e sofrido, com teias de aranha na alma.

Um piano lacrado pelo fel da modernidade.
Seu banco de madeira desconfortável
(um velho e insano móvel
com ojeriza de toda a sua idade)
sorriu pra mim e disse:
– Sente-se! A casa é toda sua.

Sentei-me, e o pedal arranhou a sola do meu sapato.
O pedal enferrujado cantou a primeira nota desafinada.
Um piano velho e gelado,
em um canto de parede parado,
em um canto engasgado,
virara um quadro para ser apreciado.

---

* Integrante do livro "Gorrinho 2 - O mistério está no ar"

Mas, agora gemia, gritava alucinado a dor
e a agonia de um pranto tocado.
Com as mãos de quem realiza um parto,
toquei-lhe as teclas frias e virgens
com a emoção de meus dedos calejados.
O soar de dor da mãe sucumbida na plenitude de dar a vida!
O ar nos pulmões adormecidos, o choro, a paixão
e a recusa de viver:
o céu e o inferno coroados por Deus.

A tosse de uma tuberculose brandiu pelo mundo.
O salão ecoou a voz de um moribundo.
Um adágio triste encobriu a noite que a tudo assiste,
e eu chorava a morte de meu piano.
Ele morto...
E eu, com apenas onze anos.

Epitáfio[2]

Por favor,
sem sombras ou amparos de inúmeras feições,
sem brados desmontados de queixos caídos no chão,
nem risos de um escárnio, ou gritos de horror,
tampouco o silêncio odioso entre uma ou outra oração.
Por favor.

Só lendas e sendas de um vibrante trovador,
bocas cantando os versos de uma canção,
dedos volitando pelas cordas de um violão
e alegria, nostalgia, sem medo, angústia ou dor.
Por favor.

---

[2] Epitáfio é um tipo de poema com temática predefinida. Trata-se de poema exposto em lápides. Muitos poetas escrevem os próprios epitáfios. É mórbido... e divertido! Experimente escrever um.

Crepúsculo

Quando olho para o céu à meia-noite
– a noite inteira sob os lábaros de estrelas, –
sinto cheia a solidão à minha volta,
bem faceira a coabitar co'a minha alma.

Espreguiço-me e vejo a escuridão
reacendendo os olhos da aurora.
Brejeiro sol que lisonjeia com seu brilho
um céu azul que se perpetua na memória.

Chovem mil estrelas murmurantes,
cai brilhando a negra capa incandescente.
Emerge o dia lamurioso e expressionista,
igual às telas de um louco e doce artista.

Une-se a Terra aos clarões do Infinito
e o espaço brando lança o Cosmo sobre mim.
O mel se derrama pela abóbada,
e o mar se torna espelho no horizonte.

Digladiam brancas nuvens mosqueteiras
e sangra a tinta azul em minha face.
Um toque rubro na venida das guerreiras
me incendeia com a cena do crepúsculo.

Eletrizam mil trovões em minha vida,
e o céu, enfim, se perpetua acabrunhado.
Eu me devoro como um monstro suicida
e me derramo em forma de água, agonizado.

Aurora íntima*

Algo em mim clama,
ávido chama, ressurge das chamas,
inflama...
Me entope as vias aéreas,
me faz delirar, reclama!

Algo em mim se torce,
se mói, se contorce.
Convexo contorno,
em um ato, em um nó exclama!
Overdose de dramas, que ruge
na alma, na parede de meu ser,
que chora, acalma, me torra, elabora mais!
Corrói por dentro o peito,
some o corpo, torpe, foge.
Lento, finge que sabe do tempo,
que escoa na passagem do vento
e toca o seio da primavera.

Rouco, reclamo
do violento relento de outono.
Me abraço e me odeio,
me amo e me quebro em pedaços,
num inverno que chora gelo
e me faz sorrir Aurora.

---

* Integrante do livro "Céu de um verão proibido"

Juventude

Quando penso que sou velho,
vejo sombras do passado.
Quando as formas se confundem,
fundem mente, corpo e cor,
perco toda a sanidade
e, assim, passeio louco.

Gira o globo sobre mim,
pois sou o eixo do meu tempo.

Quando penso que sou jovem,
vejo pedras no caminho.
Quando o medo me consome,
meio manso ou arredio,
protejo minha memória
e, assim, percebo o dia.

Gira o globo sobre mim,
pois sou o eixo do meu tempo.

Quando penso que estou morto,
vejo estrada a percorrer.
Quando o corpo se enfraquece,
mãos vagueiam pelo espaço,
fecho os olhos e me toco
e, assim, sinto meus pulsos.

Gira o globo sobre mim,
pois sou o eixo do meu tempo.

Quando penso que estou vivo,
vejo distante o objetivo.
Quando a sorte me abandona,
o cansaço me domina,
ignoro minha sina
e, assim, eu me rebelo.

Gira o globo sobre mim,
pois sou o eixo do meu tempo.

Quando penso que escrevi,
vejo em branco o meu caderno.
Quando flui algum poema,
a caneta jorra tinta,
me consumo nos meus versos
e, assim, componho a vida.

Flores da juventude

A messe da juventude
mastiga as minhas intenções.

E no rosto,
pintadas em cicatrizes brandas
de feridas passageiras,
adornadas pelo fel da idade,
as rosas brancas e amarelas
brotam sem perdão.

É um solo fértil para a procriação
de milhões de bactérias
acossadas nas cafuas
dos poros suicidas,
mortos pela insuficiência
de oxigênio.

Respira, buraco!
Olha o pus!
Relleno caliente de las flores muertas
a estampar-me as fuças.

Sei que amanhecem
para morrerem ao anoitecer.
Mas quando as paixões
abandonarem-me,
enquanto não alvorecem,
peço, misericordiosamente,
que não se enterrem na minha fronte,
oh sementes da juventude aborrecidas!

Pois, sei que sou fértil de emoções
e, nas loucas aventuras
desta vida de efebo,
hei de fecundá-las irremediavelmente.

Poeta

São verdades o que dita o sensível
até mesmo ao habitar
o corpo de um adulto.

São palavras efêmeras
de polens árduos demais
para serem inalados.

São pecados adornados pelo tempo.
Verbos adocicados,
que intoxicam a fauna dos homens.

O poeta sofre a pé
entre sândalos que cheiram bem
e fazem arder os olhos.

Ninguém o vê, mas ele passa
e deixa rastro:
versos salpicados no ar.

Resoluto futuro

Sou mãe!
Possuo a seiva divina da maternidade.
Valho-me da condição de ser a arte encarnada
– espécie de médium da emoção,
para dar vida aos meus poemas
e gerar a alma inocente das palavras.

Nesse desvario criativo,
sinto-me despreocupado,
pois jamais verei meus filhos mortos!

Um dia, porém,
sei que todos os meus poemas me deitarão
e, chorosos, sob meu leito,
beijarão minha fronte fria.

Me emprestarão para a eternidade,
mas não encenarão o ócio do luto,
pois serão apóstolos a pregar a paz.

Espelho

Aperto os olhos e me vejo
no espelho, sugando as lágrimas que rolam
do rosto que não é meu.

Vejo Narciso na imagem equivocada
no paraíso às avessas
imaginando-se Deus.

Nessas horas, de segundos infinitos,
a dor incendeia a alma de mim, algoz,
com a mesma intensidade de quem ama.

Sofrido e exasperado, vagueio cego.
Descarrego a minha solidão
na face oculta que mora no rio.

Afogo-me, doente de mim,
saudoso do meu beijo,
perdido nos instantes que ali margeiam.

O Infinito possui a durabilidade de um grito
quando choramos corrompidos
após a morte de um filho.

E ali estou abandonado,
como um indigente ou ser errante,
sem meios para alcançar o fim.

Masmorra II

Receio conhecer o mundo através
dos olhos de quem me lê
e ser abandonado na masmorra
a projetar alicerces poéticos
que ditarão os costumes futuros.

É impreciso dizer que sou jovem:
pois, eis que, no anoitecer brando,
em que tu, criança, lês esse poema,
já estarei coberto de chagas,
sepultado por gramas e azaleias.

Partirei sorrindo, para que,
no dia em que esse poema for lido,
lembrarem-se do jovem poeta
que morreu sem conhecer seu mundo,
mas que inspirou centenas de par de olhos
a apanhar estrelas caídas do céu.

Ode à palavra chilena

Vem, Pablo Neruda, abraçar teu Chile,
com os versos campesinos de um asceta.
A palavra da boca te resile,
canta a vida, oh poeta!

Grita a palavra sóbria de Mistral,
igual ao violento vento francês.
Teu pranto feminino de altivez
enche as ruas de sal.

No cântico da pátria varonil
– alcorca de muitos versos andinos –,
a palavra de ensejo pastoril
assina-te os hinos.

Soturnos corações almejam o céu,
e a boca acende o fogo das palavras.
Da arte soberana, Chile, és fiel.
Poesia tu lavras!

Papel

Campo neutro esbranquiçado,
sinto que aqui sou livre.

Percorro os mundos escondidos
entre milhões de metáforas
e desfaleço apaixonado diariamente.

Cuspo-lhe, mastigo-o e cuspo-lhe
em formato de bolinhas
quando as ideias não perduram até o fim.

Espeto-o, vingo-me
por meio de uma esgrima literária,
dia a dia com a caneta.

Mas, na qualidade de poeta,
sou seu, todo seu...

Homem-Deus

Deus se entrelaça com a natureza
e desfalece em meio às corjas nebulosas.

Deus é aquilo que nasce, renasce nas cinzas de um pranto
e reinventa veredas pro destino.

Deus são os meninos que cantam.
Canção escutada por vários ouvidos.

Deus é o homem que se encontra escondido
na sede de um solitário mendigo,
no inconsciente de um perigoso bandido,
nas canções ébrias de um bardo sofrido.

Deus é o homem que se cobre com esses segredos
e descarrega as dores em gemidos.

Deus faz morrer o corpo; e entre um arfar e outro,
renasce no céu abrasado
tão longínquo quanto os nossos sonhos.

Deus desfalece sorrindo nas veredas de um martírio,
chora com as emoções tempestivas que lhe aprisionam a alma,
se enaltece cobrindo o rosto com todos os seus sentidos
e vive com a paixão imediata de quem ainda se vê perdido.

Pássaro triste

Cantei para um pássaro no jardim
as tristezas de não saber voar.
Sabia apenas cantarolar os versos
de meus irmãos poetas
– principalmente os vivos.

Mas, o pássaro, refugiando-se em suas asas,
se deixou apanhar por um sono profundo.

Não era hora de ouvir poesia!
Era hora de chorar.

E eu nunca tinha visto isso na vida:
um pássaro deprimido em seu ninho,
boicotando-se em seus esgares de tristeza.

Eu não quis mais falar poesia,
nem mesmo cantar.

Tomado pela compaixão,
pus-me a planar.

E hoje, a despeito do único pássaro que vi chorar,
sou o único homem que sabe voar.

Solidão da madrugada

Quatro horas da manhã,
a chuva iniciou o seu ritual de verão.
É cheiro de terra molhada,
é cheiro de vida! Logo a passarada
despertará a aurora.

Oh, renascença da alma
– caminhada de descobertas diárias –
abarcar perpétuo da vida!
Quando viajo cego pela madrugada,
cada segundo é semeadura.

A poesia pura escoa pelos dedos
e perde-se na eternidade.

Resguardo a saudade por meus parnasos
sem medo da marginália
que, durante a noite de inspiração,
açoita o cabaré dos seres pensantes.

A padaria ao lado de casa
exala um delicioso cheirinho de pão.

É pão fresquinho, primeiro poema...
solidão quente, igual a gente,
igual ao padeiro, igual ao poeta.

Sutil mudança*

Hoje, vi a sutil mudança
no olhar de uma menina.
Na sede que fascina,
na esperança que domina
seu coração de criança,
ela falou como quem rima
e caminhou como quem dança.

---

* Integrante do livro "Céu de um verão proibido"

Fases da lua[*]

A rosa que suja de sangue o céu,
com reflexos de luz na flor,
permite o tempo a girar
e faz as ondas correrem
no Mediterrâneo a se abrir.

---

[*] Integrante do livro "Céu de um verão proibido"

O drama do amor perfeito*

O drama do amor perfeito
nunca é tema de novela.
Toda paisagem bela
é efeito da pintura
que não vejo na janela.

---

* Integrante do livro "Céu de um verão proibido"

João Pedro Roriz

Não quero ir pra escola*

Não quero ir pra escola,
não quero ir pra lá!
Escute o que eu digo,
vou me aposentar!
Tem gente que é boa,
e tem gente que é má.
Mas, na minha escola,
tem gente que amola,
que entra de sola,
que sempre me torra,
que quer perturbar.

Não sei o que faço,
não sei o que há.
Não posso enfrentar
tampouco contar.

---

* Integrante do livro "*Bullying* - não quero ir pra escola" (Paulinas)

Meu pai só diria:
– Meu filho é frutinha!
Minha mãe falaria:
– Isso vai passar!

Não quero ir pra escola,
não quero ir pra lá...
Pois, todos os dias,
quando eu me levanto,
me olho no espelho
e não sei explicar...

É uma vergonha,
um frio na barriga,
um medo constante de ter de enfrentar...
Aquelas meninas, aqueles meninos
que me azucrinam,
me batem, dominam,
implicam, intimidam,
pois sabem que eu
não vou revidar.

Prefiro a prisão!
Ou outra nação!
Eu vou para a Jamaica
ou, quem sabe, pra Angola.
Eu vou me mudar!
Não quero ir pra escola!
Não quero ir pra lá.

O nerd*

Os primeiros homens na Terra
eram preparados para a guerra:
eram brabos e terríveis,
possuíam dentes carnívoros,
não eram nada sensíveis!

Eu não sou assim.
Sou herbívoro, asmático,
ruim de bola, de gene, do rim...
Tenho artrose, osteoporose,
faço hemodiálise, tenho virose,
espirro à toa e já sangra o nariz.
Ai, como estou infeliz!

Namorar, nem pensar!
As meninas não querem, não sou popular.
Desde a minha infância, só chamo a atenção
quando a mesma ambulância para ali no portão.

---

* Integrante do livro "*Bullying* - não quero ir pra escola" (Paulinas)

A minha carne é fraca,
não apetece a nenhum paladar,
só ao de alguns brutamontes
que vivem a rondar,
com suas facas, seus urros,
seus passos no escuro,
seus braços tão duros,
que me fazem confessar:
que eu estou todo borrado de vir estudar!

Eu devia ter dito que estou com enxaqueca,
que a garganta tá seca... que eu vou vomitar.
Enfim, espero que hoje eu possa entrar...
sem ser perseguido, sem ser coibido
do livre-arbítrio, do nobre pensar.

Vamos lá, vamos lá!
A hora é agora, estou no caminho.
Se me olham, desvio! Não posso parar.
Tô perto, tô perto... não posso parar!

Meu pai me falou que, se eu apanhar,
eu tenho que ser macho e, pow, revidar!
"Senão, meu varão, se voltares pra casa ferido,
tu estás perdido, eu vou te estapear".

Por isso, é melhor eu evitar certas encrencas e nunca parar.
A escola tá perto, não posso parar.
Tô perto, tô perto... não posso parar!

Já quero ir pra escola*

Oba!
Já quero ir pra escola,
mal posso esperar,
pra ver meus amigos,
pra rir e agitar.

Marcar um cinema,
ou um jogo de bola.
Não sofro agora,
já posso cantar.

Fazer "trá-lá-lá",
sem ter de ouvir
que eu sou uma mistura,
de caca com xixi.

Pois, isso é passado,
é copo entornado,
é sonho agitado,

---

* Integrante do livro "*Bullying* - não quero ir pra escola" (Paulinas)

melhor não lembrar.
Já quero ir pra escola,
já posso ir pra lá!

Dar beijo roubado
no meio da testa.
Marcar uma festa,
viver e estudar!

Cursar Matemática,
Análise Sintática,
Inglês, Informática,
Português, Literatura.

Ter muita cultura,
gostar de leitura
e, um dia, afinal,
se lembrar dessa fase
com muita saudade,
da tenra idade,
de um tempo legal.

Já quero ir pra escola,
já posso ir pra lá!
Eu corro depressa,
não vou me atrasar!
Pois, já quero ir pra escola,
já posso ir pra lá!

Cadê meu irmão*

A noite chegava, nublada e sem cor.
Senti uma emboscada,
algo no peito,
doendo profundo sob meu cobertor.
A respiração oscilava, disparava meu coração...
Meu medo, minha corrente, meu manto eterno, momentos de dor!
Olhei pela fresta: ali estava o banheiro.
E monstro aguardava!
Ai, meu Deus, cadê meu irmão?

Ali via o bicho, bem na privada sentado...
Batendo palminha, chamando com o dedo
e eu todo mijado...
E só meu irmão para guardar segredo!
E o monstro ali dentro,
me assustando sem dó

---

* Integrante do livro "Gorrinho uma loucura crônica" (Paulus)

(eu sozinho, apenas, só)!
Cadê meu irmão, que salva você?
Na negrura da noite?
Apareça, cadê?

***

A noite é escura, sombria, de agrura.
Só sonha quem a atura e chora quando se vai.
Eu não! Eu tenho pesadelos.
As noites são tristes...
À noite não tem pai,
sua mãe já foi dormir
e a minha coragem se esvai!
Pois, não tenho ninguém para sofrer minha dor...
Ficar comigo, enfrentar o inimigo...
Pois, sou apenas um menino baixote e franzino
ingênuo e desprotegido,
inibido pelas carrancas dos monstros da vida
que vivem batendo palminhas, fazendo barulho,
girando maçanetas,
me dando mordidas na calada da noite,
em cuja escuridão, procuro o meu irmão
mais velho e corajoso
que vence os monstros, que salva você.
Na negrura da noite?
Apareça, cadê?

***

A noite chegava, nublada e sem cor...
Meu mano não veio,
meu manto eterno, corrente de dor era o banheiro:
um portal do inferno!
Um medo constante, momentos de horror!
Escura viagem... passagem de tempo...
A hora é agora!
O monstro está vindo, batendo palminhas e chamando com o dedo
e eu na minha cama morrendo de medo!

Não sou ateu! Rezo uma oração.
Peço a Deus: "traga o meu irmão!".
E a luz se apaga... silêncio sem dó
(eu sozinho, apenas, só)!
E o monstro aparece bem na privada!
Sinto o perigo, tapo meu rosto, ouço risadas...
Um eterno desgosto em um contraposto de passos de alguém:
"Será mais um monstro para eu ser refém?".
Cadê meu irmão, que salva você?
Na negrura da noite?
Apareça, cadê?

***

A noite é escura, sombria, de agrura.
Meu mano não veio. Que grande tortura!
Me fazendo de refém, o monstro continua...

Me chamando com o dedo, me deixando com medo...
Meu manto, minha corrente, sempre ascendente aos passos da dor,
de alguém chegando lá do corredor!

Fecho os meus olhos e ouço uma canção.
Uma luz vem forte, e o monstro se assusta
por causa do meu irmão!
Que vem cavalgando, montado num corcel,
trajando roupa branca, que nem um super-herói,
empunhando uma espada que fura e que dói!
Acabando com o monstro sentado na privada,
indo pra rua, correndo da luta,
com medo do mano, mais velho e mais forte,
que, sempre empunhando o seu grande porte,
acaba na hora com o meu grande medo.

E agora? Cadê o monstro que assusta você?
Na negrura da noite?
Apareça, cadê?

Teatro poema

CENA ÚNICA – Rita com uma vassoura na mão começa a chorar. Para e tenta se controlar. Continua a varrer. Não aguenta e cai no choro novamente. Zé se aproxima na ponta dos pés.

RITA
(ameaçando Zé com a vassoura)
Safado! Mal amado! Choraminga! Filho de uma rapariga!

ZÉ
Que é momô? Eu tô que tô com saudade do seu arrocho, criatura!

RITA
Vem aqui, que eu te deixo com o olho roxo, homi froxo, corno de uma figa... só quer saber dessa viola de cocho e de dar cachaça pr'essas lombrigas. Não vem não hein, Zé! Senão vai ter morte.

ZÉ
Oh sorte!

RITA
(volta a varrer, com raiva)
Daqui de cima do muro, eu te vi caminhar sem rumo, seu... seu chulezento!

ZÉ
Eu só perdi o norte, minha dama.

RITA
(ameaçando)
Você foi pro samba que eu vi! Daqui de cima eu senti cheiro das mucambas.

ZÉ
Que é isso Madama! O povo todo do morro sabe que o Zezinho aqui te ama. Eu só fui estrear o pandeiro do Ananias. Pô, ganhei 15 pilas num só dia! Isso é dinheiro, bufunfa, verdinha, *money*, grana.

RITA
(vira de repente)
E quanto cê gastou na cana, Zé, qual é? Todo esse seu desabafo só serviu pr'eu sentir o cheiro do seu bafo! Catinga de lelê tresoitão amalucado do diaaaaabo! Credo, mas que sina! (ataca o marido) Cê deve ter acabado com o dinheiro das mensalidade das meninas!

ZÉ
(se agarra na perna de Rita)
Não! Eu num pagaria tanto assim numa birita.
Você sabe Rita que eu sou um homem honesto.

RITA
(sai andando com Zé agarrado em sua perna)
Sei...! Você é que nem o resto! Pior que o Jacuí, o Vara-seca, o Ernesto... é tudo bola presa num jogo de sinuca.

ZÉ
(ajoelhado, pedindo misericórdia)
Ô Tutuca...

RITA
Volta pro teu buraco!

ZÉ
Ô Pituca, num fala assim não, senão eu me mato.

RITA
Pode se matar, seu safado!

ZÉ
Eu quero cheirinho.

RITA
Vem aqui e eu te bato!

ZÉ
(ajoelha e abre os braços)
Isso! Taca o sapato que eu gamo.

RITA
Não adianta fazer charme! Cuidado que eu me inflamo!

ZÉ
Poxa, você sabe que eu te amo!

RITA
Sei... só se for em Marte.

ZÉ
Me conceda um aparte. Você fica linda nessa camisola.

RITA
Você acha mesmo Zé, que falando assim eu vou te dar bola?

ZÉ
Você bate um bolão, minha prenda. Já marcou foi um golaço!

RITA
Eu vou casar com um ricaço.

ZÉ
Ih...! Ele tem o meu samba no pé? (dá uma dançadinha)

RITA
(sorrindo)
Não, ele não se chama Zé...

ZÉ
E ele te faz rir?

RITA
Não! (com maldade) Nem faz a cama rugir.

ZÉ
Opa! Então acho melhor eu subir.

RITA
(sensual)
Se vier, eu traço!

ZÉ
Epa! No quarto, na sala ou no terraço?

RITA
(saindo, sensual)
Onde der na telha.

ZÉ
(comemorando)
Eita, que, na telha, é lugar bom demais pra dar uns amassos! (PARA A PLATEIA) Hoje, as estrelas que se escondam no céu, que eu tô que tô um arraso!

ZÉ SAI ATRÁS DE RITA. FIM DA CENA.

Não me livro[*]

Até pensei em dar os livros de minha coleção para os amigos que abrigo com ternura no coração. Mas, ao contrário da intenção, no armário, mora a literatura, cujo olor perdura e se desfaz na minha mão. Assumo o ciúme, o curtume de egoísmos que, em mim, tem verdadeiro crivo. Da minha obsessão, não me LIVRO! Guardarei os volumes que jogam lumes nos meus dias de então como os malhos diários que iluminam cenários na minha imaginação

---

[*] Integrante do livro "Céu de um verão proibido"

Gosto de ti*

Gosto de rede, oh menino,
e maracatu.
Gosto de lima, oh menino,
samba e caju.

Gosto de rima, oh menino,
frevo e caqui.
Cheiro de mar, oh menino,
gosto de ti!

Pra que fugir, oh meu dengo,
de meu anzol?
Desses meus braços morenos
de tanto sol?

Se és bem-te-vi, meu pequeno,
sou tua flor.
Vem cá provar do veneno
do meu amor.

---
* Integrante do conto "Pescador Maluco"

FACEBOOKIANDO...[3]

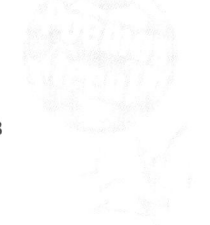

1

Começou a escrever, daí percebeu que não criaria imagens como Mário Quintana.

Ameaçou cantar, mas sentiu que não alcançaria as notas cantadas por Renato Russo.

Desejou tocar piano, mas percebeu que nunca chamaria tanta atenção quanto o Elton John.

Pensou em desenhar, mas desconfiou que Ziraldo ainda viveria por muito tempo.

Finalmente, resolveu desistir... e, nessa área, descobriu que teria muito mais concorrência.

2

A vida é contada através dos anos. A saudade através dos segundos.

---

[3] Frases e pensamentos do autor postados em sua página pessoal no *Facebook*.

3

Uma camisa amarrotada denota um dia bem passado.

4

O vício é o desejo que adoeceu. O ódio é o amor que adoeceu. E a indiferença é a total ausência que faz adoecer.

5

Na infância, a paixão é como o desejo de ter um passarinho: prender em uma gaiola e não soltar nunca mais.

6

Toda vez que alguém empunha um livro para ler, pega no colo o seu autor.

7

O amor quando encontra a saudade se torna epicentro de algumas tragédias.

8

Pai e mãe são os únicos ídolos que conseguem se manter no auge do sucesso mesmo após o difícil teste de convivência com seus fãs.

9

Sou fã de Vinícius de Moraes, mas nunca concordei com uma de suas frases mais célebres: "tristeza não tem fim, felicidade sim". Na minha opinião, tristeza e alegria são sentimentos efêmeros de igual importância que denotam o estado de espírito de uma pessoa. A felicidade, por sua vez, é uma condição fundamental para a vida: ou você vive e, portanto, é feliz – mesmo triste ou alegre –, ou entrega a vida a uma condição de infelicidade que se assemelha à morte.

10

Pior do que aqueles que confrontam radicalmente as suas opiniões são os que as difundem sem mesmo entendê-las.

11

Em nosso mundo, a busca pela razão ainda se confunde com a busca pela discordância.

12

Buscamos perfeição e plenitude e esquecemos que linhas em altos e baixos denota vida no monitor cardíaco. Linha reta e puro equilíbrio é soar de trombetas, sinal de que o coração parou de funcionar

13

Avisem aos céticos que a subjetividade – lençóis freáticos de nossos sentidos – revela verdades que cegam os tolos e emudecem os covardes.

14

Feliz do amor temperado pelo tempo – elemento que talha verdadeiros dolmens no coração.

15

Essa pessoa insuportavelmente linda,
essa pessoa insuportavelmente inteligente,
insuportavelmente bem-humorada,
insuportavelmente bondosa,
insuportavelmente comunicativa...
Essa pessoa insuportável... mente!

16

Quando alguém lhe oferecer espinhos, lembre-se de que um dia eles pertenceram a uma flor.

17

Amar é se reeducar e se expor, se olhar no espelho e atravessá-lo com a promessa de não se ferir.

18

Existe um quê de mistério no ar? Usufrua, não investigue!

19

Na certeza de minha loucura, procuro catar estrelas caídas do céu.

20

A felicidade é a presunção da imortalidade – mesmo aquela expressada em uma foto ou em um momento memorável que não se apaga mais.

21

Não tenha medo de ver as suas ideias roubadas. Inspiração não se gasta, se perpetua no espaço, é como buraco, quanto mais se tira, mais se tem!

22

Momentos pretéritos desguarnecidos de memória ficam marcados na fina estampa etérea do tempo.

23

Quantos céus não existirão enquanto tantos baseiam-se na pretensa ideia de um único firmamento?

24

Quem tem uma estrela não pode deixar que satélites que a rondam façam eclipsar a sua luz, pois o lume vasto sempre alcança locais ermos no infinito.

25

Liberdade sem escolha é cativeiro.

26

Liberdade é ser cativo daquilo que te cativa!

27

O amor é como um lume no escuro: atrai olhares e besouros.

28

Às vezes, ignoramos pessoas que nos admiram, mas mendigamos atenção daqueles que nos desprezam. Um paradoxo cíclico e infeliz!

29

O orgulho do saber faz mais vítimas do que o *blazer* da ignorância.

30

Todos nós somos estrelas magnéticas. Alguns, iluminados como o Sol, atraem olhares espontâneos. Outros, perderam a própria luz e como buracos negros, sugam para si tudo que está ao redor de forma impositiva.

31

Escrevo com alfinetes.
A tinta não sai,
mas a literatura espeta!

32

Nas vielas onde passa, com facilidade, hoje, a maioria das pessoas, normalmente se estreita os grandes homens, pois são eles que constroem as grandes alamedas do futuro.

33

Muitos se aproximam para conhecer os mecanismos, poucos para passar óleo nas engrenagens.

34

Todo livro é um panteão de um artista desencarnado. Entro na livraria e logo rezo a Ave-Maria.

35
A inspiração é a essência da imaterialidade.

36
Todos querem estar na crista da onda, mas nem todos querem ser o primeiro a se chocar com as areias da praia.

37
Quando bate aquele medo de tropeçar, lembro que é desse modo que aprendo a levantar.

38
Sequestrados de nossa infância criativa, adotamos as formas predefinidas. Enclausurados, ignoramos o belo de cada dia.

39
Toda vida que evade o reino das iniquidades é como uma página que, virada pelo vento, abre espaço para novas literaturas.

40

Dou corda nos relógios, e eles se vingam, torcendo as minhas orelhas:

- Olhe o tempo, olhe o tempo!

41

Não confunda humildade com a língua dos tolos!

42

Existe um egoísmo típico das criaturas que induz os humanos a virar as costas para seus criadores: Deus, seus pais e seu País.

43

Ri de si quem ri do tempo,
pois faz-se espelho cedo ou tarde
o homem que é momento,
mas que morre de saudade.

44

Quando dotada de extrema beleza, a arte vira ofensa.

45

Inteligência sem base moral é ignorância.

46

Um governante prova a sua inépcia quando passa a combater frases de efeito moral com bombas de efeito moral.

47

Reconhece-se um sábio pela competência em ter dúvidas e pela vocação de buscar descobertas.

48

Somos todos deuses, pois carregamos em nós a chama da razão que nos guia por meio dos caminhos nebulosos de nossa existência.

49

Cada dia que passa, eu vejo que a democracia no Brasil só serviu para aposentar os nossos heróis.

50

Mais opressor que as imposições de alguns é a inércia e o silêncio diante da possibilidade de muitos.

51

A essência conquista, a aparência distrai.

52

Um polegar pode tapar o sol, mas apenas na perspectiva de alguém com uma visão muito limitada.

53

Garoto apaixonado é como poema não publicado – páginas de arte marginalizada entre os dedos, chorada além de qualquer Pessoa, restrito pelo medo, pelo segredo da voz quando ecoa.

54

Ainda que se reúnam todos os brados da Natureza, não serão capazes de denotar o potencial de revolução que há no silêncio reflexivo de um único homem.

55

Não existem pessoas feias, existem pessoas que não sabem sorrir.

56

É engraçado, mas, quando eu gosto de um livro, sou eu quem fico todo amassado e cheio de orelhas...

57

O sono é o único avião que decola com as turbinas desligadas.

58

Em um emaranhado de nós, sempre existe um "eu" apertadinho.

59

A dicotomia da concepção é uma bela metáfora de nossas vidas: o prazer na entrada e a dor na saída.

60

Quando os mares do Nordeste convidarem o povo a beber sal, milhares cantarão nos ouvidos de um jardineiro surdo. Ele encenará o teatro do ócio mais beócio que o normal, e nós, beligerantes nesse caos, entraremos em guerra contra a terra verde e amarela que nos oprime. Se não formos dominados pelo ranço abrasivo do agreste hostil, seremos náufragos nas vielas que inundam favelas de nosso Brasil.

E continuará...

Conheça também da
Wak Editora

EM BUSCA DA TRANSFORMAÇÃO -
A Filosofia Pode Mudar Sua Vida

Waldir Pedro

ISBN: 978-85-88081-82-6

COMO EDUCAR SUA MÃE -
manual de sobrevivência para meninos

João Pedro Roriz

ISBN: 978-85-7854-202-3

VIOLÊNCIA E EDUCAÇÃO -
a sociedade criando alternativas

*Luiza Elena L Ribeiro do Valle e
Maria José Viana Marinho de Mattos (orgs.)*

ISBN: 978-85-7854-146-0

BULLYING... TÔ FORA

Teuler Reis

ISBN: 978-85-7854-200-9

CYBERBULLYING E OUTROS RISCOS NA INTERNET

Ana Maria de Albuquerque Lima

ISBN: 978-85-7854-153-8

TRANSTORNO DO ASSÉDIO MORAL-*BULLYING* - A violência silenciosa

Dirceu Moreira

ISBN: 978-85-7854-106-4